The Usborne Book of
Everyday Words
in French

Designer and modelmaker: Jo Litchfield

Editors: Rebecca Treays, Kate Needham and Lisa Miles
French language consultant: Lorraine Beurton-Sharp
Photography: Howard Allman
Additional models by: Stefan Barnett
Managing Editor: Felicity Brooks
Managing Designer: Mary Cartwright
Photographic manipulation and design: Michael Wheatley

With thanks to Inscribe Ltd. and Eberhard Faber for providing the Fimo® modelling material

Everyday Words is a stimulating and lively wordfinder for young children. Each page shows familiar scenes from the world around us, providing plenty of opportunity for talking and sharing. Small, labelled pictures throughout the book tell you the words for things in French.

There are a number of hidden objects to find in every big scene. A small picture shows what to look for, and children can look up the French word for the numbers on page 43.

Above all, this bright and busy book will give children hours of enjoyment and a love of reading that will last.

La famille

la soeur   le frère   la fille   le père   le fils   la mère

le chat   la grand-mère   le grand-père   le chien

le petit-fils   la petite-fille

La ville

 Trouve quinze voitures

la station-service

le supermarché

les magasins

4

l'hôpital

la piscine

l'école

le parking

le cinéma

le pont

5

La rue

 Trouve douze oiseaux

la boulangerie

le serveur

l'agent de police

la pharmacie

la poussette

l'arrêt de bus

la boucherie

 le chien

 le café

 la planche à roulettes

 le pompier

 le landau

 le lampadaire

 la poste

 le chat

 le boulanger

La maison

Trouve huit tasses

la porte　　la poignée　　la moquette　　le toit　　la rampe

le grenier

la chambre | le bureau | la salle de bains

la salle de séjour | l'entrée | la cuisine

la cheminée

l'interrupteur

le tapis

la fenêtre

l'escalier

q

Le jardin

Trouve dix-sept vers de terre

la chenille

le pot de fleurs

l'abeille

la binette

l'os

 la limace

 la coccinelle

 la feuille

 l'escargot

 la fourmi

 le râteau

 la niche

 l'arbre

 le barbecue

 le papillon

 la brouette

 les graines

le nid

 la tondeuse

11

La cuisine

 Trouve dix tomates

l'évier

le couteau

le lave-linge

le grille-pain

la chaise

la soucoupe

la table

la tasse

la poêle

le four à micro-ondes

la fourchette

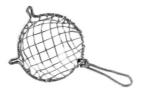
la passoire

la cuisinière

la cuillère

la pelle
à ordures

le lave-vaisselle

l'assiette

la casserole

la carafe

le bol

le réfrigérateur

La nourriture

 le biscuit

 le pain

 les pâtes

 le riz

 la farine

 les céréales

 le jus de fruits

 le sachet de thé

 le café

 le sucre

 le lait

 la crème

 le beurre

 l'œuf

 le fromage

 le yaourt

 le poulet

 la crevette

 la saucisse

 la poitrine fumée

 le poisson

 le saucisson

 le jambon

 la soupe

 la pizza

 le sel

 le poivre

 la moutarde

 le ketchup

 le miel

 la confiture

 les raisins secs

 les cacahuètes

 l'eau

l'ananas   la poire   le citron vert   le citron   la pêche   l'abricot

la cerise   la banane   la fraise   la framboise   la mangue   le pamplemousse

la prune   la noix de coco   l'orange   la pastèque   le melon   le raisin

la pomme   le kiwi   la tomate   l'avocat   la pomme de terre   les haricots verts

la courgette   le chou   l'oignon   le champignon   la carotte   l'aubergine

le poireau   le brocoli   le chou-fleur   les petits pois   les épinards   la betterave

la laitue   le céleri   le maïs   le concombre   le piment rouge   le poivron

La salle de séjour

 Trouve six cassettes

le CD

le porte-monnaie

le fauteuil

l'aspirateur

la cassette vidéo

le canapé

le magnétoscope

la mini-chaîne

le puzzle

la télévision

la flûte

la fleur

le compotier

le tambourin

le plateau

le coussin

le piano

le casque stéréo

Le bureau

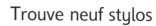 Trouve neuf stylos

le bureau

l'ordinateur

le téléphone

le magazine

la guitare

la plante verte

le livre

le crayon cire

la photo

La salle de bains

 Trouve trois bateaux

 le savon

 le lavabo

la serviette

la bonde

les toilettes

la baignoire   le papier WC   le peigne   le shampooing

La chambre

 Trouve quatre araignées

 le crocodile

 la trompette

la commode

le robot

e lit

 l'ours en peluche

la fusée

 la poupée

 le tambour

le vaisseau spatial

 l'éléphant

 la cassette

 le serpent

 le réveil

la marionnette

la table de nuit

le lion

la couverture

la girafe

les cartes

21

Dans la maison

le dentifrice

la brosse à dents

le journal

la lettre

le store

le rideau

la couette

l'oreiller

l'album photos

la planche à
repasser

le fer à repasser

la machine
à coudre

le vase

la souris

le pot

l'éponge

le robinet

la brosse à cheveux

le miroir

la poubelle

le liquide vaisselle

la calculatrice

les jouets

la lampe

Les transports

l'ambulance

le camion de pompiers

la voiture de police

l'hélicoptère

le camion

la voiture

la pelleteuse

la trottinette

le bateau

le canoë

la caravane

l'avion

la montgolfière

le tracteur

le taxi

le vélo

l'autobus

la moto

le sous-marin

le train

la voiture de course

la camionnette

le téléphérique

la voiture de sport

La ferme

 Trouve cinq chatons

 le cochonnet

 le cochon

l'oie

le taureau

la vache

le veau

 le coq

le poussin

 la poule

24

la grange

le lapin

le mouton

l'agneau

la mare

l'âne

la chèvre

le fermier

le dindon

la barrière

le caneton

le canard

le chiot

le cheval

La salle de classe

 Trouve vingt crayons cire

 le taille-crayon

 le chevalet

 le stylo à encre

 le papier

 le feutre

 la craie

 le portemanteau

les ciseaux

l'ardoise

26

la ficelle

le tabouret

le crayon

la gomme

le ruban adhésif

la colle

les cubes

la peinture

le pinceau

l'instituteur

la pendule

le cahier

la règle

27

La fête

Trouve onze pommes

le magnétophone

le cadeau

le pirate

le cow-boy

le docteur

les chips

le pop-corn

le ballon

le ruban

le gâteau

le chocolat

la glace

la carte

la ballerine

la sirène

l'astronaute

le bonbon

la bougie

la paille

la chaise haute

le clown

29

Le camping

 Trouve deux ours en peluche

la tente

l'appareil photo

la radio

le sac à dos

le passeport

la valise

la torche

la pe... ...o   l'argent   le ballon de football   le parapluie

le chaton   le billet

Les vêtements

le tee-shirt

le jean

la salopette

la robe

la jupe

le collant

le pyjama

le peignoir

le maillot
de corps

le bavoir

le pull-over

le sweat-shirt

le gilet

le pantalon

le tablier

la chemise

le manteau

le survêtement

 le caleçon

 le slip

 le maillot de bain

 le slip de bain

 le maillot deux-pièces

 la cravate

 la ceinture

 les bretelles

 la fermeture éclair

 le bouton

 l'écharpe

 les lunettes

 les lunettes de soleil

 le badge

 la montre

 la chaussette

 le gant

 le chapeau

 la casquette

 le casque

 la bottine

 la chaussure de sport

 le chausson de danse

 la pantoufle

 la chaussure

la sandale

33

L'atelier

 Trouve treize souris

 la boîte à outils

l'arrosoir

le clou

le mart... le canif le tournevis le pot l'araignée

la scie

l'étau

la clé

le ver de terre

le seau

la bêche

l'allumette

le carton

la roue

le tuyau d'arrosage

la corde

le papillon de nuit

la clé plate

le balai

35

Le jardin public

 Trouve sept ballons de football

la pataugeoire

le garçon

l'oiseau

le sandwich

la raquette de tennis

le hamburger

le cerf-volant

le bébé

le hot dog

les frites

le fauteuil roulant

la fille

les balançoires

la bascule

le tourniquet

le toboggan

37

Le corps

la tête

l'oreille

la langue

le nez

la bouche

les dents

l'oeil

le dos

le ventre

le nombril

le bras

la jambe

le coude

le genou

la main

le pied

le doigt

le pouce

le derrière

les cheveux longs

les cheveux courts

les cheveux frisés

les cheveux raides

Les actions

dormir

faire du vélo

monter à cheval

sourire

rire

pleurer

chanter

marcher

courir

sauter

jouer au ballon

40

écrire   peindre   dessiner   lire   découper   coller

être assis   être debout   pousser   tirer

manger   boire   se laver   gne

le rectangle

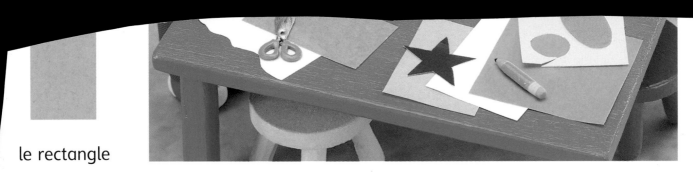

rré

l'étoile

Les couleurs

rouge

rose

marron

bleu

violet

vert

noir

orange

Les nombres

1 un

2 deux

3 trois

4 quatre

5 cinq

6 six

7 sept

8 huit

9 neuf

10 dix

11 onze

12 douze

13 treize

14 quatorze

15 quinze

16 seize

17 dix-sept

18 dix-huit

19 dix-neuf

20 vingt

e

l'eau (f)	*lo*	water
l'écharpe (f)	*lesharp*	scarf
l'école (f)	*lek-ol*	school
écrire	*aykreer*	to write
l'éléphant (m)	*lelaifo(n)*	elephant
l'entrée (f)	*lo(n)tray*	hall
les épinards (m)	*lay-zepeenar*	spinach
l'éponge (f)	*lepo(n)j*	sponge
l'escalier (m)	*leskal-yay*	stairs
l'escargot (m)	*leskar-go*	snail
l'étau (m)	*letto*	vice
l'étoile (f)	*letwal*	star
être assis	*etr assee*	to be sitting
être debout	*etr duhboo*	to be standing
l'évier (m)	*lev-yay*	sink

f

faire signe	*fair seen-yuh*	to wave
faire du vélo	*fair dew vaylo*	to cycle
la famille	*la fa-mee-yuh*	family
la farine	*la fa-reen*	flour
le fauteuil	*luh fotuh-yuh*	armchair
le fauteuil roulant	*luh fotuh-yuh roolo(n)*	wheelchair
la fenêtre	*la fuh-netr*	window
le fer à repasser	*luh faira-ruhpassay*	iron
la ferme	*la fairm*	farm
la fermeture éclair	*la fairmuh-tewr eklair*	zip
le fermier	*luh fairm-yay*	farmer
la fête	*la fait*	party
la feuille	*la fer-yuh*	leaf
le feutre	*luh fuh-tr*	felt-tip pen
la ficelle	*la fee-sell*	string
la fille	*la fee-yuh*	girl/daughter
le fils	*luh feess*	son
la fleur	*la fler*	flower
la flûte	*la flewt*	recorder
les formes (f)	*lay form*	shapes
le four à micro-ondes	*luh foor a meekro-o(n)d*	microwave
la fourchette	*la foorshett*	fork
la fourmi	*la foormee*	ant
la fraise	*la frez*	strawberry
la framboise	*la fro(m)-bwuz*	raspberry
le frère	*luh frair*	brother
les frites (f)	*lay freet*	chips
le fromage	*luh frommaj*	cheese
la fusée	*la few-zay*	rocket

g

le gant	*luh gu(n)*	glove
le garçon	*luh gar-so(n)*	boy
le gâteau	*luh ga-to*	cake
le genou	*luh juh-noo*	knee
le gilet	*luh jee-lay*	cardigan
la girafe	*la jee-raf*	giraffe
la glace	*la glass*	ice cream
la gomme	*la gom*	rubber
les graines (f)	*lay grenn*	seeds
la grand-mère	*la gro(n)-mair*	grandmother
le grand-père	*luh gro(n)-pair*	grandfather
la grange	*la gro(n)j*	barn
le grenier	*luh gruhn-yay*	attic
le grille-pain	*luh greeyuh-pa(n)*	toaster
gris	*gree*	grey
la guitare	*la gee-tarr*	guitar

h

le hamburger	*luh a(m)boor-ger*	hamburger
les haricots verts (m)	*lay areeko vair*	green beans
l'hélicoptère (m)	*lellee-koptair*	helicopter
l'hôpital (m)	*lo-peetal*	hospital
le hot-dog	*luh ot-dog*	hotdog
huit	*weet*	eight

i

l'instituteur (m)	*la(n)stee-tewter*	teacher (male)
l'interrupteur (m)	*la(n)terrewp-ter*	switch

j

la jambe	*la jo(m)b*	leg
le jambon	*luh jo(m)bo(n)*	ham
le jardin	*luh jarda(n)*	garden
le jardin public	*luh jarda(n) pewbleek*	park
jaune	*joan*	yellow
le jean	*luh djeen*	jeans
jouer au ballon	*joo-ay o ballo(n)*	to play with a ball
les jouets (m)	*lay joo-ay*	toys
le journal	*luh joor-nal*	newspaper
les jumelles (f)	*lay jew-mell*	binoculars
la jupe	*la jewp*	skirt
le jus de fruits	*luh jew duh frwee*	fruit juice

k

le ketchup	*luh ketchup*	ketchup
le kiwi	*luh kee-wee*	kiwi

l

le lait	*luh lay*	milk
la laitue	*la letew*	lettuce
le lampadaire	*luh lo(m)pa-dair*	street lamp
la lampe	*la lo(m)p*	lamp
le landau	*luh lo(n)do*	pram
la langue	*la long*	tongue
le lapin	*luh la-pa(n)*	rabbit
le lavabo	*luh la-vabbo*	basin
le lave-linge	*luh lav-la(n)j*	washing machine
le lave-vaisselle	*luh lav-vessell*	dishwasher
la lettre	*la letr*	letter
la limace	*la lee-mass*	slug
le lion	*luh lee-o(n)*	lion
le liquide vaisselle	*luh leekeed vessell*	washing-up liquid
lire	*leer*	to read
le lit	*luh lee*	bed
le livre	*luh leevr*	book
les lunettes (f)	*lay lewn-et*	glasses
les lunettes de soleil	*lewn-et duh sol-ay*	sunglasses

m

la machine à coudre	*la masheen a kood-ruh*	sewing machine
les magasins (m)	*lay magga-za(n)*	shops
le magazine	*luh maga-zeenn*	magazine
le magnétophone	*luh man-yet-o-fan*	tape recorder
le magnétoscope	*luh man-yet-o-skop*	video recorder
le maillot de bain	*luh ma-yo duh ba(n)*	swimsuit
le maillot de corps	*luh ma-yo duh kor*	vest
le maillot deux-pièces	*luh ma-yo duh pyes*	bikini
la main	*la ma(n)*	hand
le maïs	*luh ma-eess*	sweetcorn
la maison	*la may-zo(n)*	house
manger	*mo(n)jay*	to eat
la mangue	*la mong*	mango
le manteau	*luh mo(n)to*	coat
marcher	*mar-shay*	to walk
la mare	*la mar*	pond
la marionnette	*la ma-ree-onett*	puppet
marron	*ma-ro(n)*	brown
le marteau	*luh mar-to*	hammer
le melon	*luh muhlo(n)*	melon
la mère	*la mair*	mother
le miel	*luh mee-ell*	honey
la mini-chaîne	*la mee-nee-shen*	stereo
le miroir	*luh meer-wahr*	mirror
monter à cheval	*montay a shuhval*	to go horse riding
la montgolfière	*la mo(n)golf-yair*	hot-air balloon
la montre	*la mo(n)tr*	watch

la moquette	*la mo-kett*	carpet
la moto	*la moto*	motorbike
la moutarde	*la moo-tard*	mustard
le mouton	*luh moo-to(n)*	sheep

n

neuf	*nerf*	nine
le nez	*luh nay*	nose
la niche	*la neesh*	kennel
le nid	*luh nee*	nest
noir	*nwar*	black
la noix de coco	*la nwa duh koko*	coconut
les nombres (m)	*lay no(m)br*	numbers
le nombril	*luh nombreel*	tummy button
la nourriture	*la nooree-tewr*	food

o

l'oeil (m)	*ler-yuh*	eye
l'œuf (m)	*lerf*	egg
l'oie (f)	*lwa*	goose
l'oignon (m)	*lonn-yo(n)*	onion
l'oiseau (m)	*lwa-zo*	bird
les oiseaux (m)	*lay-zwazo*	birds
onze	*o(n)z*	eleven
orange	*oro(n)j*	orange (colour)
l'orange (f)	*loro(n)j*	orange (fruit)
l'ordinateur (m)	*lordee-na-ter*	computer
l'oreille (f)	*loraye*	ear
l'oreiller (m)	*loray-yay*	pillow
l'os (m)	*loss*	bone
l'ours en peluche (m)	*loorss o(n) plewsh*	teddy bear
les ours en peluche (m)	*layzoorss o(n) plewsh*	teddy bears
l'ovale (m)	*lo-val*	oval

p

la paille	*la pie*	(drinking) straw
le pain	*luh pa(n)*	bread
le pamplemousse	*luh po(m)pl-mooss*	grapefruit
le pantalon	*luh po(n)-ta-lo(n)*	trousers
la pantoufle	*la po(n)toofl*	slipper
le papier	*luh pap-yay*	paper
le papier WC	*luh pap-yay vay-say*	toilet paper
le papillon	*luh pa-pee-yo(n)*	butterfly
le papillon de nuit	*luh pa-pee-yo(n) duh nwee*	moth
le parapluie	*luh pa-ra-plwee*	umbrella
le parking	*luh par-keeng*	car park
le passeport	*luh passpor*	passport
la passoire	*la pa-swar*	sieve
la pastèque	*la pastek*	watermelon
la pataugeoire	*la pato-jwar*	paddling pool
les pâtes (f)	*lay patt*	pasta
la pêche	*la pesh*	peach (fruit)
le peigne	*luh penn-yuh*	comb
le peignoir	*luh payn-war*	bathrobe
peindre	*pa(n)dr*	to paint
la peinture	*la pa(n)-tewr*	paint
la pelle à ordures	*la pell a ordewr*	dustpan
la pelleteuse	*la pell-terz*	digger
la pellicule photo	*la peleekewl fotto*	film (camera)
la pendule	*la po(n)dewl*	clock
le père	*luh pair*	father
la petite-fille	*la puh-teet-fee-yuh*	granddaughter
le petit-fils	*luh puh-tee-feess*	grandson
les petits pois (m)	*lay puh-tee pwa*	peas
la pharmacie	*la farmassee*	chemist
la photo	*la foto*	photograph
le piano	*luh pee-anno*	piano
le pied	*luh pee-ay*	foot

le piment rouge	*luh pee-mo(n) rooj*	chilli pepper
le pinceau	*luh pa(n)-so*	paint-brush
le pirate	*luh pee-rat*	pirate
la piscine	*la pee-seen*	swimming pool
la pizza	*la peetza*	pizza
la planche à repasser	*la plo(n)sh a ruh-passay*	ironing board
la planche à roulettes	*la plo(n)sh a roollett*	skateboard
la plante verte	*la plo(n)t vairt*	plant
le plateau	*luh pla-to*	tray
pleurer	*pluh-ray*	to cry
la poêle	*la pwel*	frying pan
la poignée	*la pwan-yai*	door handle
la poire	*la pwar*	pear
le poireau	*luh pwa-ro*	leek
le poisson	*luh pwa-so(n)*	fish
la poitrine fumée	*la pwa-treen few-may*	bacon
le poivre	*luh pwavr*	(black) pepper
le poivron	*luh pwa-vro(n)*	pepper
la pomme	*la pom*	apple
la pomme de terre	*la pom duh tair*	potato
les pommes (f)	*lay pom*	apples
le pompier	*luh po(m)p-yay*	fireman
le pont	*luh po(n)*	bridge
le pop-corn	*luh pop-korn*	popcorn
la porte	*la port*	door
le portemanteau	*luh port-mo(n)to*	peg (for clothes)
le porte-monnaie	*luh port monnay*	purse
la poste	*la post*	post office
le pot	*luh po*	tin/potty
le pot de fleurs	*luh po duh fler*	flowerpot
la poubelle	*la poobell*	bin
le pouce	*luh pooss*	thumb
la poule	*la pool*	hen
le poulet	*luh poollay*	chicken
la poupée	*la poo-pay*	doll
pousser	*poossay*	to push
la poussette	*la poossett*	pushchair
le poussin	*luh poossa(n)*	chick
la prune	*la prewn*	plum
le pull-over	*luh pewlo-vair*	jumper
le puzzle	*luh puhzl*	jigsaw puzzle
le pyjama	*luh pee-jama*	pyjamas

q

quatorze	*ka-torz*	fourteen
quatre	*katr*	four
quinze	*ka(n)z*	fifteen

r

la radio	*la rad-yo*	radio
le raisin	*luh ray-za(n)*	grapes
les raisins secs (m)	*lai ray-za(n) sek*	raisins
la rampe	*la ro(m)p*	bannister
la raquette de tennis	*la rakett duh teneess*	tennis racket
le râteau	*luh ra-to*	rake
le rectangle	*luh rek-to(n)gl*	rectangle
le réfrigérateur	*luh refree-jaira-ter*	fridge
la règle	*la regl*	ruler
le réveil	*luh rev-ay*	alarm clock
le rideau	*luh ree-do*	curtain
rire	*reer*	to laugh
le riz	*luh ree*	rice
la robe	*la rob*	dress
le robinet	*luh robbee-nay*	tap
le robot	*luh robbo*	robot
rose	*roz*	pink
la roue	*la roo*	wheel

rouge	*rooj*	red
le ruban	*luh rewbo(n)*	ribbon
le ruban adhésif	*luh rewbo(n) a-dezeef*	tape
la rue	*la rew*	street

s

le sac à dos	*luh sakka-dow*	rucksack
le sachet de thé	*luh sa-shay duh tay*	tea bag
la salle de bains	*la sal duh ba(n)*	bathroom
la salle de classe	*la sal de klas*	classroom
la salle de séjour	*la sal duh sejoor*	living room
la salopette	*la salopette*	dungarees
la sandale	*la so(n)dal*	sandal
le sandwich	*luh so(n)d-weech*	sandwich
la saucisse	*la so-seess*	sausage
le saucisson	*luh so-see-so(n)*	salami
sauter	*so-tay*	to jump
le savon	*luh sa-vo(n)*	soap
la scie	*la see*	saw
se laver	*suh la-vay*	to wash (yourself)
le seau	*luh so*	bucket
seize	*sez*	sixteen
le sel	*luh sell*	salt
s'embrasser	*sombrassay*	to kiss (each other)
sept	*sett*	seven
le serpent	*luh sair-po(n)*	snake
le serveur	*luh sairv-er*	waiter
la serviette	*la sairv-yet*	towel
le shampooing	*luh shompweng*	shampoo
la sirène	*la see-ren*	mermaid
six	*seess*	six
le slip	*luh sleep*	pants
le slip de bain	*luh sleep duh ba(n)*	swimming trunks
la soeur	*la ser*	sister
la soucoupe	*la soo-koop*	saucer
la soupe	*la soop*	soup
sourire	*sooreer*	to smile
la souris	*la soo-ree*	computer mouse/mouse
les souris	*lay soo-ree*	mice
le sous-marin	*luh soo-ma-ra(n)*	submarine
la station-service	*la sta-see-o(n) ser-vees*	petrol station
le store	*luh stor*	blind
le stylo à encre	*luh stee-lo a o(n)kr*	ink pen
les stylos (m)	*lay stee-lo*	pens
le sucre	*luh sewkr*	sugar
le supermarché	*luh sew-pair-mar-shay*	supermarket
le survêtement	*luh sewr-vetmo(n)*	tracksuit
le sweat-shirt	*luh sweat-shert*	sweatshirt

t

la table	*la tabl*	table
la table de nuit	*la tabl duh nwee*	bedside table
le tableau	*luh taa-blo*	board
le tablier	*luh ta-blee-ay*	apron
le tabouret	*luh ta-boo-ray*	stool
le taille-crayon	*luh tie-yuh kray-o(n)*	pencil sharpener
le tambour	*luh to(m)-boor*	drum
le tambourin	*luh to(m)-boo-ra(n)*	tambourine
le tapis	*luh ta-pee*	rug
la tasse	*la tass*	cup
les tasses (f)	*lay tass*	cups
le taureau	*luh to-ro*	bull
le taxi	*luh tax-ee*	taxi
le tee-shirt	*luh tee-shert*	T-shirt
le téléphérique	*luh tellay-fair-eek*	cable car
le téléphone	*luh tellay-fon*	telephone
la télévision	*luh tellay-veez-yo(n)*	television
la tente	*la tont*	tent
la tête	*la tayt*	head
tirer	*teer-ay*	to pull
le toboggan	*luh to-bo-go(n)*	slide
les toilettes (f)	*lay twa-lett*	toilet
le toit	*luh twa*	roof
la tomate	*la to-mat*	tomato
les tomates (f)	*lay to-mat*	tomatoes
la tondeuse	*la to(n)-derz*	lawnmower
la torche	*la torsh*	torch
le tournevis	*luh toor-nuh-veess*	screwdriver
le tourniquet	*luh toor-neekay*	(children's) roundabout
le tracteur	*luh trak-ter*	tractor
le train	*luh tra(n)*	train
les tranports (m)	*lay tro(n)-spor*	transport
treize	*trez*	thirteen
le triangle	*luh tree-o(n)gl*	triangle
trois	*trwa*	three
la trompette	*la tro(m)-pet*	trumpet
la trottinette	*la tro-tee-net*	scooter
le tuyau d'arrosage	*luh twee-yo da-ro-zaj*	hose

u

un	*a(n)*	one

v

la vache	*la vash*	cow
le vaisseau spatial	*luh vesso spa-see-al*	spaceship
la valise	*la va-leez*	suitcase
le vase	*luh vaz*	vase
le veau	*luh vo*	calf
le vélo	*luh vaylo*	bike
le ventre	*luh vo(n)tr*	tummy
le ver de terre	*luh vair duh tair*	worm
les vers de terre (m)	*lay vair duh tair*	worms
vert	*vair*	green
les vêtements (m)	*lay vet-mo(n)*	clothes
la ville	*la veel*	town
vingt	*va(n)*	twenty
violet	*vee-olay*	purple
la voiture	*la vwa-tewr*	car
la voiture de course	*la vwa-tewr duh koorss*	racing car
la voiture de police	*la vwa-tewr duh po-leess*	police car
la voiture de sport	*la vwa-tewr duh spor*	sports car
les voitures (f)	*lay vwa-tewr*	cars

y

le yaourt	*luh ya-oort*	yoghurt

Additional models: Les Pickstock, Barry Jones, Stef Lumley and Karen Krige. With thanks to Vicki Groombridge, Nicole Irving and the Model Shop, 151 City Road, London.

First published in 2001 by Usborne Publishing Ltd, Usborne House, 83-85 Saffron Hill, London EC1N 8RT, England. www.usborne.com
Copyright © 2001 Usborne Publishing Ltd.